汉语口语100句

主 编 余红艳 唐 敏

副主编 李红艳 翟 江

参 编 李 炎 茅海燕

徐 丹 孟慧欣

田海红 袁 婷

张 杰 许文佩

录 音 陈保君 魏彦琳

绘 图 彭程远

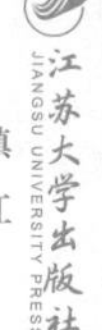

江苏大学出版社
JIANGSU UNIVERSITY PRESS
镇 江

图书在版编目(CIP)数据

汉语口语 100 句 : 汉、英、德 / 余红艳，唐敏主编. — 镇江 : 江苏大学出版社，2021.4
ISBN 978-7-5684-1485-2

Ⅰ. ①汉… Ⅱ. ①余… ②唐… Ⅲ. ①汉语－口语－对外汉语教学－教学参考资料 Ⅳ. ①H195.4

中国版本图书馆 CIP 数据核字(2020)第 253572 号

汉语口语 100 句
Hanyu Kouyu 100 Ju

主　　编/余红艳　唐　敏
责任编辑/张小琴
出版发行/江苏大学出版社
地　　址/江苏省镇江市梦溪园巷 30 号(邮编：212003)
电　　话/0511-84446464(传真)
网　　址/http://press.ujs.edu.cn
排　　版/镇江市江东印刷有限责任公司
印　　刷/南京互腾纸制品有限公司
开　　本/787 mm×1 092 mm　1/32
印　　张/4.375
字　　数/121 千字
版　　次/2021 年 4 月第 1 版
印　　次/2021 年 4 月第 1 次印刷
书　　号/ISBN 978-7-5684-1485-2
定　　价/36.00 元

本书简介

《汉语口语 100 句》主要面向汉语初学者，尤其是母语为英语或德语的短期来华游学访问者，目的是使他们在短期内迅速掌握基本“生存”口语。

本书内容涵盖日常生活、学习、社交的各种场景；选择高频句型结构，轻松引领 100 个情景对话，并配有情景插图，活泼生动；每个情景对话后，特别增加了“补充”栏目，或增加同类表达，或增加同范畴词汇。

本书设计的独到之处在于“精简”，用最简单的句子表达最地道的中文；“精简”的同时仍兼顾内容丰富、重点突出、实用性强，令初学者学习起来有的放矢，迅速提高中文口语水平。此外，本书配有学习卡片，便于携带，可随时随地学习；配有二维码，扫码播放，遇到相关交流场景，扫一扫即可听到标准地道的对话，即刻模仿，现学现用！

目 录

40. 我的房间号是 205。 049

My room number is 205.

Meine Zimmernummer ist 205.

41. 房间有 Wi-Fi 吗？ 050

Is there any Wi-Fi in the room?

Gibt es im Zimmer WLAN?

42. 7 点半在一楼大厅集合。 051

We will meet at 7:30 in the hall on the first floor.

Wir treffen uns um 7:30 Uhr im Saal im Erdgeschoss.

43. 我要退房。 052

I want to check out.

Ich möchte auschecken.

44. 我该走了。 054

It's time to leave.

Es ist Zeit zu gehen.

45. 明天我们开车送大家到机场。 055

We will drive everyone to the airport tomorrow.

Morgen fahren wir Sie zum Flughafen.

46. 请代我向你父母问好。 057

Please send my regards to your parents.

Bitte richten Sie Ihren Eltern liebe Grüße aus.

47. 希望我们能再次见面。 058

Hope to meet you again.

Ich hoffe, dass wir uns wiedersehen können.

48. 这是给你的礼物。 059

Here's a present for you.

Hier ist ein Geschenk für dich.

49. 祝你们旅途愉快！ 061

Have a nice trip!

(Ich wünsche euch eine) schöne Fahrt!

50. 明天晚上我请您吃饭。 062

Can I invite you to dinner tomorrow evening?

Ich möchte Sie gern morgen zum Abendessen einladen.

51. 我们在哪里见面？ 063

Where shall we meet?

Wo wollen wir uns treffen?

52. 你想吃中餐还是西餐？ 064

Would you like Chinese food or Western food?

Möchtest du lieber chinesisches Essen oder westliches Essen?

53. 你喝茶还是咖啡？ 066

Would you like tea or coffee?

Trinkst du gern Tee oder Kaffee?

54. 欢迎光临，您几位？ 067

Welcome. How many people?

Herzlich willkommen, wie viele Gäste sind Sie?

55. 您想吃点儿什么？ 068

What would you like to have?

Was möchten Sie gern essen?

64. 感谢您的款待。 079

I really appreciate your hospitality.

Vielen Dank für Ihre Gastfreundschaft.

65. 我想在淘宝上买东西。 080

I want to buy things on Taobao.

Ich möchte gern etwas auf Taobao kaufen.

66. 你需要下载支付宝。 081

You need to download Alipay.

Sie müssen Alipay runterladen.

67. 我想去银行取钱。 082

I want to go to the bank and withdraw some money.

Ich möchte zur Bank gehen und etwas Geld abheben.

68. 请填一下这张表。 083

Please fill out this form.

Bitte füllen Sie das Formular aus. 3

69. 我换 100 美元的人民币。 085

I want to change 100 US dollars into Renminbi.

Ich möchte 100 Dollar in CNY wechseln.

70. 请输入银行卡密码。 086

Please enter the Pin number.

Bitte geben Sie Ihre Pin ein.

71. 我想去北京旅行。 087

I want to travel to Beijing.

Ich möchte nach Peking reisen.

80. 请问保质期多长时间? 097

How long is the shelf life?

Wie lange ist es haltbar?

81. 金山寺到了,一共四十元。请问怎么支付? 098

We have arrived at the Jinshansi. The fee is 40 yuan. How do you pay?

Sie sind jetzt an der Jinshan Tempel angekommen. Die Fahrt kostet insgesamt 40 CNY, wie möchten Sie zahlen?

82. 这里离焦山公园有多远? 099

How far is it from here to Jiaoshan Park?

Wie weit ist es von hier zum Jiaoshan Park?

83. 苏州有哪些好玩的地方? 100

What are the places of interest in Suzhou?

Welche Sehenswürdigkeiten kann man in Suzhou besuchen?

84. 这件衣服很漂亮。 101

This clothes is very beautiful.

Die Kleidung ist sehr schön.

85. 您穿多大号? 102

What size do you wear?

Welche Größe haben Sie?

86. 你喜欢什么颜色? 103

What color do you like?

Welche Farbe magst du?

1 你好！

Nǐ hǎo！

对话 [Dialogue]

A：你好！（Nǐ hǎo ！）

Hello！

Guten Tag！

B：你好！（Nǐ hǎo ！）

Hello！

Guten Tag！

扫一扫，学汉语

补充 [Supplementary]

Nín hǎo！ 您好！	Hello！（“nín”to show respect）
	Guten Tag！

2 谢谢!

Xièxie!

对话 [Dialogue]

A：谢谢!（Xièxie!）

Thank you!

Danke!

B：不客气。（Bú kèqi.）

You're welcome.

Bitte.

补充 [Supplementary]

<table>
<tr><td rowspan="2">Bú yòng xiè.
不用谢。</td><td>You're welcome.</td></tr>
<tr><td>Bitte.</td></tr>
</table>

Bú xiè. 不谢。	You're welcome.
	Bitte.

3 对不起!

Duì bu qǐ!

对话 [Dialogue]

A：对不起!（Duì bu qǐ!）

I' m sorry!

Entschuldigung!

B：没关系!（Méi guānxi!）

Never mind!

Macht nichts!

补充 [Supplementary]

Hěn bàoqiàn. 很抱歉。	I' m sorry.
	Entschuldigung.
Méi shìr. 没事儿。	No problem.
	Macht nichts. / Kein Problem.

4 再见!

Zàijiàn!

对话 [Dialogue]

A：再见!（Zàijiàn!）

Good bye!

Auf Wiedersehen!

B：再见！（Zàijiàn！）

Good bye！

Auf Wiedersehen！

补充 [Supplementary]

Zàihuì. 再会。	Good bye.	Míngtiān jiàn. 明天见。	See you tomorrow.
	Auf Wiedersehen.		Bis morgen.

5 认识您很高兴！

Rènshi nín hěn gāoxìng！

对话 [Dialogue]

A：认识您很高兴！（Rènshi nín hěn gāoxìng！）

Nice to meet you！

Es freut mich，Sie kennenzulernen！

B：认识您我也很高兴！（Rènshi nín wǒ yě hěn gāoxìng！）

Nice to meet you too！

Es freut mich auch！

补充 [Supplementary]

Hěn gāoxìng rènshi nín. 很高兴认识您。	Nice to meet you.
	Es freut mich，Sie kennenzulernen.

6 欢迎来中国！

Huānyíng lái Zhōngguó！

对话 [Dialogue]

A：欢迎来中国！（Huānyíng lái Zhōngguó！）

Welcome to China！

Herzlich willkommen in China！

B：谢谢！（Xièxie！）

Thank you！

Danke！

补充 [Supplementary]

Huānyíng guānglín！ 欢迎光临！	Welcome to . . .
	Willkommen zu . . .
Fēicháng gǎnxiè nín de shèngqíng jiēdài. 非常感谢您的盛情接待。	Thank you very much for your warm welcome.
	Vielen Dank für Ihre Gastfreundschaft.

7 请问您贵姓？

Qǐngwèn nín guìxìng？

对话 [Dialogue]

A：请问您贵姓？（Qǐngwèn nín guìxìng？）

May I have your family name, please?

Wie ist Ihr Familienname, bitte?

B：免贵姓王。（Miǎnguì xìngwáng.）

My family name is Wang.

Mein Familienname ist …

补充 [Supplementary]

<table>
<tr><td rowspan="2">Qǐngwèn nín xìng shénme?
请问您姓什么?</td><td>May I have your family name, please?</td></tr>
<tr><td>Wie ist Ihr Familienname, bitte?</td></tr>
<tr><td rowspan="2">Qǐngwèn nín zūnxìng dàmíng?
请问您尊姓大名?</td><td>What is your name, please?</td></tr>
<tr><td>Wie heißen Sie, bitte?</td></tr>
</table>

8 请问您叫什么名字?

Qǐngwèn nín jiào shénme míngzi?

对话 [Dialogue]

A：请问您叫什么名字？（Qǐngwèn nínjiào shénme míngzi？）

What's your name, please?

Wie heißen Sie, bitte?

B：我叫李丽。（wǒ jiào Lǐlì.）

My name is Li Li.

Mein Name ist Li Li.

补充 [Supplementary]

<table>
<tr><td rowspan="2">Zěnme chēnghu nín？
怎么称呼您？</td><td>How should I address you?</td></tr>
<tr><td>Wie heißen Sie?</td></tr>
<tr><td rowspan="2">Wǒ yīnggāi jiào nín . . .
我应该叫您……</td><td>I should address you as . . .</td></tr>
<tr><td>Ich sollte Sie . . . nennen.</td></tr>
</table>

9 请问您是哪国人?

Qǐngwèn nín shì nǎguó rén?

对话 [Dialogue]

A：请问您是哪国人?（Qǐngwèn nín shì nǎguó rén?）

What nationality are you?

Entschuldigung，woher kommen Sie?

B：我是南非人。（Wǒ shì Nánfēi rén.）

I'm South African.

Ich komme aus Südafrika.

补充 [Supplementary]

Yīngguó 英国	England	Měiguó 美国	America
	England		die USA

Fǎguó 法国	France Frankreich	Déguó 德国	Germany Deutschland
Àodìlì 奥地利	Austria Österreich	Rìběn 日本	Japan Japan
Tàiguó 泰国	Thailand Thailand	Yìndùníxīyà 印度尼西亚	Indonesia Indonesien
Hánguó 韩国	South Korea Südkorea	Jiā'nà 加纳	Ghana Ghana

10 请问您来过中国吗?

Qǐngwèn nín láiguò Zhōngguó ma?

对话 [Dialogue]

A：请问您来过中国吗?（Qǐngwèn nín láiguò Zhōngguó ma?）

Excuse me, have you ever been to China?

Eustschuldigen Sie, sind Sie einmal in China gewesen?

B：没来过。（Méi láiguò.）

Never been here.

Nein, niemals.

补充 [Supplementary]

Láiguò. Zhèshì dì-sāncì. 来过。这是第三次。	Yes. It is the third time.
	Ja, das ist das dritte Mal.
Méiyǒu. Zhèshì wǒ dì-yīcì lái Zhōngguó. 没有。这是我第一次来中国。	No. It is my first time to China.
	Nein, das ist das erste Mal.

11 请问你多大了？

Qǐngwèn nǐ duō dà le?

对话 [Dialogue]

A：请问你多大了？（Qǐngwèn nǐ duō dà le?）

Excuse me, how old are you?

Entschuldigung, wie alt bist du?

B：我今年 26 岁。（Wǒ jīnnián èrshíliù suì.）

I' m 26 years old.

Ich bin 26 Jahre alt.

补充 [Supplementary]

<table>
<tr><td rowspan="2">Qǐngwèn nǐ shì nǎyīnián chūshēng de?
请问你是哪一年出生的？</td><td>Excuse me, what year were you born in?</td></tr>
<tr><td>Entschuldigung, in welchem Jahr bist du geboren?</td></tr>
<tr><td rowspan="2">Wǒ shì 2005 nián chūshēng de.
我是 2005 年出生的。</td><td>I was born in 2005.</td></tr>
<tr><td>Ich bin im Jahr 2005 geboren.</td></tr>
</table>

扫一扫，学汉语

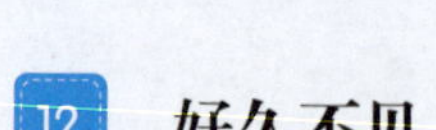

12 好久不见。

Hǎojiǔ bújiàn.

对话 [Dialogue]

A：好久不见，你还好吗？（Hǎojiǔ bújiàn，nǐ háihǎo ma？）

Long time no see. How are you doing?

Lange nicht gesehen. Wie geht's Ihnen?

B：我很好，谢谢。（Wǒ hěnhǎo，xièxie.）

I am fine, thank you.

Mir geht es gut. Danke.

补充 [Supplementary]

Háixíng. 还行。	It's not bad. Nicht schlecht.	Mǎmǎhūhū. 马马虎虎。	Just so so. Es geht.

13 祝你生日快乐!

Zhù nǐ shēngrì kuàilè!

对话 [Dialogue]

A：今天是我的生日。(Jīntiān shì wǒ de shēngrì.)

It's my birthday today.

Heute ist mein Geburtstag.

B：祝你生日快乐!(Zhù nǐ shēngrì kuàilè!)

Happy birthday to you!

Herzlichen Glückwunsch zum Geburtstag!

补充 [Supplementary]

<table>
<tr><td rowspan="2">Xīnnián kuàilè!
新年快乐!</td><td>Happy New Year!</td><td rowspan="2">Jiérì kuàilè!
节日快乐!</td><td>Happy holiday!</td></tr>
<tr><td>Frohes Neujahr!</td><td>Frohes Fest!</td></tr>
</table>

Tiāntiān kuàilè! 天天快乐!	Happy everyday!
	Glück für jeden Tag!

14 你会说汉语吗?

Nǐ huì shuō Hànyǔ ma?

对话 [Dialogue]

A：你会说汉语吗？（Nǐ huì shuō Hànyǔ ma?）

Could you speak Chinese?

Kannst du Chinesisch sprechen?

B：会。/不会。（Huì. /Bú huì.）

Yes. /No.

Ja. /Nein.

补充 [Supplementary]

Wǒ huì shuō yīdiǎnr Hànyǔ. 我会说一点儿汉语。	I can speak a little Chinese. Ich kann ein bisschen Chinesisch.
Wǒ xué Hànyǔ liǎng nián le. 我学汉语两年了。	I have been learning Chinese for two years. Ich habe zwei Jahre Chinesisch gelernt.
Yīngyǔ 英语	English Englisch
Déyǔ 德语	German Deutsch
Fǎyǔ 法语	French Französisch
Éyǔ 俄语	Russian Russisch
Ālābóyǔ 阿拉伯语	Arabic Arabisch
Xībānyáyǔ 西班牙语	Spanish Spanisch
Pútáoyáyǔ 葡萄牙语	Portuguese Portugiesisch

15 请问谁是我们的汉语老师？

Qǐngwèn shéi shì wǒmen de Hànyǔ lǎoshī?

对话 [Dialogue]

A：请问谁是我们的汉语老师？

(Qǐngwèn shéi shì wǒmen de Hànyǔ lǎoshī?)

Who is our Chinese teacher?

Wer ist unser Chinesischlehrer?

B：您看，那位就是。(Nínkàn, nà wèi jiù shì.)

Look, there he is.

Schauen Sie mal, der dort ist der Lehrer.

补充 [Supplementary]

Shéi shì nín de tóngxué? 谁是您的同学?	Who is your classmate?
	Wer ist Ihr Kamerad?
Shéi shì nín de péngyou? 谁是您的朋友?	Who are your friends?
	Wer ist sind Ihre Freunde?

16 我给您介绍一下,这位是史密斯先生。

Wǒ gěi nín jièshào yíxià,zhè wèi shì shǐmìsī xiānshēng.

对话 [Dialogue]

A：我给您介绍一下,这位是史密斯先生。

(Wǒ gěi nín jièshào yíxià,zhè wèi shì shǐmìsī xiānshēng.)

Let me introduce you to Mr. Smith.

Ich stelle Ihnen Herrn Smith vor.

B：您好！认识您很高兴。（Nínhǎo！Rènshi nín hěn gāoxìng.）

How do you do？Nice to meet you.

Guten Tag！Es freut mich，Sie kennenzulernen.

补充 [Supplementary]

Nàwèi shì wǒ de lǎoshī. 那位是我的老师。	That's my teacher over there.
	Das da ist mein Lehrer.
Huānyíng huānyíng. 欢迎欢迎。	Welcome，welcome.
	Herzlich willkommen！

17 你真棒！

Nǐ zhēn bàng！

对话 [Dialogue]

A：我的汉语怎么样？（Wǒ de Hànyǔ zěnmeyàng?）

What do you think of my Chinese?

Wie findest du mein Chinesisch?

B：你真棒！（Nǐ zhēn bàng！）

You are great！

Du bist super！

补充 [Supplementary]

Zhēn búcuò. 真不错。	It's great.	Fēicháng hǎo. 非常好。	Excellent.
	Gut！		Toll！ / Sehr gut！

18 请问您学什么专业？

Qǐngwèn nín xué shénme zhuānyè？

对话 [Dialogue]

A：请问您学什么专业？（Qǐngwèn nín xué shénme zhuānyè？）

Excuse me, what is your major?

Was ist Ihr Studienfach, bitte?

B：我的专业是国际贸易。(Wǒ de zhuānyè shì guójì màoyì.)

My major is international trade.

Mein Studienfach ist Internationaler Handel.

补充 [Supplementary]

Qǐngwèn nín xué de zhuānyè shì— 请问您学的专业是——	Excuse me, what is your major?
	Eutschuldingung, was ist Ihr Studienfach, bitte?
Qǐngwèn nín de zhuānyè shì shénme? 请问您的专业是什么?	Excuse me, what is your major?
	Eutschuldingung, was ist Ihr Studienfach, bitte?

19 祝贺你!

Zhùhè nǐ!

对话 [Dialogue]

A：我考试通过了！（Wǒ kǎoshì tōngguò le!）

I've passed my test.

Ich habe die Prüfung bestanden!

B：祝贺你！（Zhùhè nǐ!）

Congratulations!

Gratuliere dir!

补充 [Supplementary]

Gōngxǐ! 恭喜!	Congratulations!
	Gratuliere!

20 请问王老师在吗？

Qǐngwèn Wáng lǎoshī zài ma?

对话 [Dialogue]

A：请问王老师在吗？（Qǐngwèn Wáng lǎoshī zài ma？）

Hello, may I speak to Miss Wang, please?

Hallo, kann ich bitte mit Frau Wang sprechen?

B：在的，请稍等。（Zàide，qǐng shāo děng.）

Yes, wait a moment please.

Ja, warten Sie einen Moment bitte.

补充 [Supplementary]

Qǐng shāo hòu. 请稍候。	Wait a moment, please.
	Warten Sie einen Moment bitte.
Qǐng děngyíxià. 请等一下。	Just a moment, please.
	Einen Augenblick bitte.

21 明天我们有什么课?

Míngtiān wǒmen yǒu shénme kè?

对话 [Dialogue]

A: 明天我们有什么课?
(Míngtiān wǒmen yǒu shénme kè?)
What lessons do we have tomorrow?
Welchen Unterricht haben wir morgen?

B: 明天我们有汉语课。
(Míngtiān wǒmen yǒu Hànyǔ kè.)
We will have a Chinese class tomorrow.
Wir haben morgen Chinesischunterricht.

扫一扫,学汉语

补充 [Supplementary]

yuèdú 阅读	reading
	leseunterricht
Hànzì 汉字	the Chinese character
	das Chinesische Schriftzeichen
xiězuò 写作	writing
	Schreibunterricht

22 请问您做什么工作?

Qǐngwèn nín zuò shénme gōngzuò?

对话 [Dialogue]

A：请问您做什么工作？（Qǐngwèn nín zuò shénme gōngzuò?）

What do you do, please?

Entschuldigung, was sind Sie von Beruf?

B：我是医生。(Wǒ shì yīshēng.)

I'm a doctor.

Ich bin Arzt.

补充 [Supplementary]

<table>
<tr><td rowspan="2">Qǐngwèn nín zài nǎr gāojiù?
请问您在哪儿高就?</td><td>Where do you work?</td></tr>
<tr><td>Wo arbeiten Sie, bitte?</td></tr>
<tr><td rowspan="2">xuésheng
学生</td><td>student</td></tr>
<tr><td>der student/die studentin</td></tr>
<tr><td rowspan="2">lǎoshī
老师</td><td>teacher</td></tr>
<tr><td>der Lehier/die Lehrerin</td></tr>
<tr><td rowspan="2">gōngchéngshī
工程师</td><td>engineer</td></tr>
<tr><td>der Ingenieur/die Ingenieurin</td></tr>
</table>

23 请再说一遍。

Qǐng zài shuō yíbiàn.

对话 [Dialogue]

A：@ # $ % & *

B：对不起，请再说一遍。(Duì bu qǐ，qǐng zài shuō yíbiàn.)

Excuse me，I beg your pardon.

Entschuldigung，wiederholen sie das bitte?

补充 [Supplementary]

Duì bu qǐ，wǒ méi tīng qīng. 对不起，我没听清。	Sorry，I didn't hear chearly.
	Eutschuldigung，ich habe dich akustisch nicht verstanden.
Kěyǐ zài shuō yíbiàn ma? 可以再说一遍吗？	Could you say it again?
	können sie das bitte wiederholen?

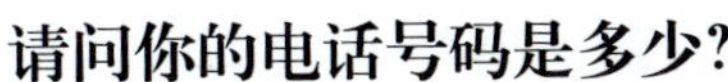

24 请问你的电话号码是多少?

Qǐngwèn nǐ de diànhuà hàomǎ shì duōshǎo?

对话 [Dialogue]

A：请问你的电话号码是多少?

(Qǐngwèn nǐ de diànhuà hàomǎ shì duōshǎo?)

Excuse me, what is your phone number?

Entschuldigung, Wie ist deine Telefonnummer?

B：我的电话号码是……

(Wǒ de diànhuà hàomǎ shì…)

My phone number is . . .

Meine Telefonnummer ist . . .

25 我可以加你的微信吗？

Wǒ kěyǐ jiā nǐ de Wēixìn ma?

对话 [Dialogue]

A：我可以加你的微信吗？（Wǒ kěyǐ jiā nǐde wēixìn ma?）

Could I add you on WeChat?

Kann ich dich als WeChat-Kontakt hinzufügen?

B：好啊！（hǎo a!）

Ok!

Okay!

补充 [Supplementary]

Wǒ de Wēixìn hào shì... 我的微信号是……	My WeChat is...
	Mein WeChat ist...

Wǒ sǎo nǐ. 我扫你。	I scan your QR code.
	Ich scanne deinen QR code.

26 我喜欢踢足球。

Wǒ xǐhuan tī zúqiú.

对话 [Dialogue]

A：请问您喜欢做什么？（Qǐngwèn nín xǐhuan zuò shénme?）

What do you like to do?

Was machen Sie gern?

B：我喜欢踢足球。（Wǒ xǐhuan tī zúqiú.）

I like to play soccer.

Ich spiele gern Fußball.

补充 [Supplementary]

Wǒ xǐhuan pǎobù. 我喜欢跑步。	I like jogging.
	Ich laufe gern.
Wǒ xǐhuan dǎ lánqiú. 我喜欢打篮球。	I like playing basketball.
	Ich spiele gern Basketball.
Wǒ xǐhuan yóuyǒng. 我喜欢游泳。	I like swimming.
	Ich schwimme gern.
Wǒ xǐhuan páshān. 我喜欢爬山。	I like mountain climbing.
	Ich klettere gern.
Wǒ xǐhuan tīng yīnyuè. 我喜欢听音乐。	I like listening to music.
	Ich hßre gern Musik.
Wǒ xǐhuan kàn Zhōngguó diànyǐng. 我喜欢看中国电影。	I like watching Chinese movies.
	Ich sehe gern Chinesische Filme.
Wǒ xǐhuan wánr yóuxì. 我喜欢玩儿游戏。	I like games.
	Ich spiele gern spiele.
Wǒ xǐhuan lǚxíng. 我喜欢旅行。	I like traveling.
	Ich reise gern.

27 今天星期一。

Jīntiān xīngqīyī.

对话 [Dialogue]

A：今天星期几？（Jīntiān xīngqījǐ?）

What day is it today?

Welcher Wochentag ist heute?

B：今天星期一。（Jīntiān xīngqīyī.）

It's Monday today.

Heute ist Montag.

补充 [Supplementary]

xīngqīèr 星期二	Tuesday / Dienstag	xīngqīsān 星期三	Wednesday / Mittwoch

xīngqīsì 星期四	Thursday Donnerstag	xīngqīwǔ 星期五	Friday Freitag
xīngqīliù 星期六	Saturday Samstag	xīngqīrì (tiān) 星期日（天）	Sunday Sonntag

28 今天多少号？

Jīntiān duōshǎo hào?

对话 [Dialogue]

A：今天多少号？（Jīntiān duōshǎo hào?）

What date is it today?

Welches Datum ist heute?

B：今天 7 月 18 日。（Jīntiān qī yuè shíbā rì.）

Today is July 18.

Heute ist der 18. Juli.

补充 [Supplementary]

Jīntiān shì jǐ yuè jǐ hào? 今天是几月几号?	What date is today?
	Welches Datum ist heute?
Míngtiān jǐ hào? 明天几号?	What date is tomorrow?
	Welches Datum ist moigen?

29 现在9点10分。

Xiànzài jiǔ diǎn shí fēn.

对话 [Dialogue]

A：现在几点?（Xiànzài jǐdiǎn?）

What time is it?

Wie spät ist es jetzt?

B：现在 9 点 10 分。（Xiànzài jiǔ diǎn shí fēn.）

It’s 9:10.

Es ist jetzt 9:10 Uhr.

补充 [Supplementary]

bàn 半	half	kè 刻	quarter
	halb		das viertel, –
chà 差	It’s . . . to . . .		
	. . . vor . . .		

30 中国和奥地利的时差是多少？

Zhōngguó hé Àodìlì de shíchā shì duōshǎo?

对话 [Dialogue]

A：中国和奥地利的时差是多少？

(Zhōngguó hé Àodìlì de shíchā shì duōshǎo?)

What's the time difference between China and Austria?

Was ist die Zeitverschiebung zwischen China und Österreich?

B：现在是 6 个小时。(Xiànzài shì liù gè xiǎoshí.)

Six hours now.

Jetzt sechs Stunden.

补充 [Supplementary]

xiàlìngshí 夏令时	daylight saving time
	Sommerzeit
dōnglìngshí 冬令时	Winter time
	Winterzeit

31 明天天气怎么样？

Míngtiān tiānqì zěnmeyàng?

对话 [Dialogue]

A：明天天气怎么样？（Míngtiān tiānqì zěnmeyàng?）
What's the weather like tomorrow?
Wie ist das Wetter morgen?

B：明天是晴天。（Míngtiān shì qíngtiān.）
Tomorrow will be sunny.
Morgen ist es sonnig.

扫一扫，学汉语

补充 [Supplementary]

jīntiān 今天	today
	heute

zuótiān 昨天	yesterday
	gestern
qiántiān 前天	the day before yesterday
	vorgestern
hòutiān 后天	the day after tomorrow
	übermorgen
duōyún/yīntiān 多云/阴天	cloudy
	bewölkt
xiàyú 下雨	rain
	regnen

32 南京的夏天有点儿热。

Nánjīng de xiàtiān yǒudiǎnr rè.

对话 [Dialogue]

A：南京的夏天天气怎么样？

(Nánjīng de xiatiān tiānqì zěnmeyàng?)

What ' s the weather like in Nanjing in summer?

Wie ist der Sommer in Nanjing?

B：南京的夏天有点儿热。

(Nánjīng de xiàtiān yǒu diǎnr rè.)

Nanjing is a bit hot in summer.

Der Sommer in Naijing ist sehr heiß.

补充 [Supplementary]

chūntiān 春天	spring der Frühling		qiūtiān 秋天	fall der Herbst
dōngtiān 冬天	winter der Winter		liángkuai 凉快	cool kühl
nuǎnhuo 暖和	warm warm		lěng 冷	cold kalt

33 请帮我一下，好吗？

Qǐng bāng wǒ yíxià, hǎoma?

对话 [Dialogue]

A：请帮我一下，好吗？（Qǐng bāng wǒ yíxià, hǎoma?）

Would you please do me a favor?

Können Sie mir bitte helfen?

B：没问题，要做些什么呢？

（Méi wèntí, yào zuò xiē shénme ne?）

No problem. How can I help you?

Kein Problem, wie kann ich Ihnen helfen?

补充 [Supplementary]

bāngzhù 帮助	help
	helfen

34 我的钱包丢了。

Wǒ de qiánbāo diū le.

对话 [Dialogue]

A：我的钱包丢了。（Wǒ de qiánbāo diū le.）

I lost my wallet.

Ich habe mein Portmonee verloren.

B：你应该立刻报警。（Nǐ yīnggāi lìkè bàojǐng.）

You should call the police at once.

Sie sollten sich an die Polizei wenden.

补充 [Supplementary]

diūshī 丢失	lose	bújiàn le 不见了	be missing
	verlieren		verschwinden

35 我和同学走散了。

Wǒ hé tóngxué zǒu sàn le.

对话 [Dialogue]

A：我和同学走散了。（Wǒ hé tóngxué zǒu sàn le.）

I have got lost with my friends.

Ich habe mich mit meinen Kommilitonen verlaufen.

B：我们帮你找到他们。

（Wǒmen bāng nǐ zhǎodào tāmen.）

We will help you find them.

Wir werden Ihnen bei der Suche helfen.

补充 [Supplementary]

zǒushī 走失	get lost	jìnqún 进群	join group
	sich verlaufen		in eine Chatgruppe eintreten

wēixìn qún 微信群	WeChat group WeChat Gruppe	qǐng huífù 请回复	please reply bitte antworten
shōudào 收到	receieve erhalten		

36 我要取一个快递。

Wǒ yào qǔ yí gè kuàidì.

对话 [Dialogue]

A：你好，我要取一个快递。

(Nǐ hǎo, wǒ yào qǔ yí gè kuàidì.)

Hello, I want to pick up a package.

Hallo, ich möchte mein Paket abholen.

B：请出示您的取货码。(Qǐng chūshì nín de qǔhuò mǎ.)

Please show me your pickup code.

Zeigen Sie mir bitte Ihren Abholcode.

补充 [Supplementary]

bāoguǒ 包裹	parcel das Paket -e	yóujiàn 邮件	mail die E-Mail -s

37 我预定了一个标准间。

Wǒ yùdìng le yí gè biāozhǔn jiān.

对话 [Dialogue]

A：你预定了吗？（Nǐ yùdìng le ma？）

Do you have a reservation?

Haben Sie schon reserviert?

B：上个星期，我预定了一个标准间。

（Shàng gè xīngqī，wǒ yùdìng le yí gè biāozhǔn jiān.）

I reserved a standard room last week.

Ich habe letzte Woche ein Standardzimmer（Doppelzimmer）reserviert.

补充 [Supplementary]

diānhuà yùdìng 电话预定	phone booking
	per ielephone reservieren
wǎngshàng yùdìng 网上预定	online booking
	online reservieren
dìngjīn 定金	deposit
	die Anzahung

38 请问有单人间吗?

Qǐngwèn yǒu dānrén jiān ma?

对话 [Dialogue]

A：你好，请问有单人间吗？

(Nǐhǎo, qǐngwèn yǒu dānrén jiān ma?)

Hello, do you have a single room?

Guten Tag! Gibt es bei Ihnen ein Einzelzimmer?

B：有的。(Yǒu de.)

Yes.

Ja.

补充 [Supplementary]

shuāngrén jiān 双人间	room for two person
	das Doppelzimmer, –
sìrén jiān 四人间	room for four
	zimmer fir vier personen

我住在喜来登大酒店。

Wǒ zhù zài Xǐláidēng dà jiǔdiàn.

对话 [Dialogue]

A：你住哪儿？（Nǐ zhù nǎr？）

Where do you stay?

Wo wohnst du?

B：我住在喜来登大酒店。

（Wǒ zhù zài Xǐláidēng dà jiǔdiàn.）

I stay in the Sharaton Hotel.

Ich wohne im Sheraton Hotel.

补充 [Supplementary]

Nǐ zhù nǎlǐ? 你住哪里？	Where do you stay?
	Wo wohnst du?

40 我的房间号是 205。

Wǒ de fángjiān hào shì èrlíngwǔ.

对话 [Dialogue]

A：你的房间号是多少？（Nǐ de fángjiān hào shì duōshao？）

What's your room number?

Wie ist Ihre Zimmernummer?

B：我的房间号是 205。（Wǒ de fángjiān hào shì èrlíngwǔ.）

My room number is 205.

Meine Zimmernummer ist 205.

补充 [Supplementary]

Nǐ zhù nǎgè fángjiān？ 你住哪个房间？	Which room do you stay in?
	In welchem Zimmer wohnst du?

Wǒ zhù èrlíngwǔ. 我住 205。	I stay in Room 205.
	Ich wohne im Zimmer 205.

41 房间有 Wi-Fi 吗?

Fángjiān yǒu Wi-Fi ma?

对话 [Dialogue]

A：房间有 Wi-Fi 吗？（Fángjiān yǒu Wi-Fi ma?）

Is there any Wi-Fi in the room?

Gibt es im Zimmer WLAN?

B：有的，这是 Wi-Fi 密码。

（Yǒu de，zhè shì Wi-Fi mìmǎ.）

Yes，this is the password for Wi-Fi.

Ja，hier ist das Passwort.

扫一扫，学汉语

补充 [Supplementary]

máojīn 毛巾	towel das Handtuch	rèshuǐ 热水	hot water heißes wosser
yáshuā 牙刷	toothbrush die Zahnbürste	yágāo 牙膏	toothpaste die Zahncreme

42 7点半在一楼大厅集合。

Qīdiǎnbàn zài yīlóu dàtīng jíhé.

对话 [Dialogue]

A：老师，我们什么时候集合？

(Lǎoshī, wǒmen shénme shíhou jíhé?)

Sir/Madam, when shall we meet?

Wann treffen wir uns?

B：7 点半在一楼大厅集合。

（Qīdiǎnbàn zài yīlóu dàtīng jíhé.）

We will meet at 7:30 in the hall on the first floor.

Wir treffen uns um 7:30 Uhr im Saal im Erdgeschoss.

补充 [Supplementary]

jǐdiǎn 几点	when/what time
	wann/wieviel Uhr

43 我要退房。

Wǒ yào tuìfáng.

对话 [Dialogue]

A：你好！我要退房。（Nǐhǎo！wǒ yào tuìfáng.）

Hi! I want to check out.

Guten Tag! Ich möchte auschecken.

B：请出示您的房卡。（Qǐng chūshì nín de fángkǎ.）

Please show me your room card.

Bitte geben Sie mir die Schlüsselkarte.

补充 [Supplementary]

Qǐng jiǎnchá hǎo nín de xíngli. 请检查好您的行李。	please check your luggage.
	Prüfen Sie bitte Ihr Gepäde nach.
Qǐng náhǎo nǐ de hùzhào. 请拿好你的护照。	please take your passport.
	Nehmen Sie bitte Inien Peisepass mitl.
Huāngyíng xiàcì guānglín. 欢迎下次光临。	Welcome to visit us again.
	Wir fienen uns auf das wieder-schen.

44 我该走了。

Wǒ gāi zǒu le.

对话 [Dialogue]

A：我该走了。（Wǒ gāi zǒu le.）

It's time to leave.

Es ist Zeit zu gehen.

B：再坐一会儿吧。（Zài zuò yíhuìr ba.）

There is still time.

Bleiben Sie noch eine Weile, wir haben noch Zeit.

补充 [Supplementary]

Nà wǒ jiù bù liú nín le, mànzǒu! 那我就不留您了，慢走！	Well, I won't keep you any longer. Watch your steps.
	Wie die Zeit vergeht, tschüss.
Huānyíng xiàcì zàilái! 欢迎下次再来！	Look forward to meet you again.
	Ja, bis zum nächsten Mal.

45 明天我们开车送大家到机场。

Míngtiān wǒmen kāichē sòng dàjiā dào jīchǎng.

对话 [Dialogue]

A：明天我们开车送大家到机场。

（Míngtiān wǒmen kāichē sòng dàjiā dào jīchǎng.）

We will drive everyone to the airport tomorrow.

Morgen fahren wir Sie zum Flughafen.

B：太谢谢你们了！（Tài xièxie nǐmen le！）

Thanks a lot.

Vielen Dank！

补充 [Supplementary]

Nǐ kěyǐ zuò dìtiě qù jīchǎng. 你可以坐地铁去机场。	You can go to the airport by subway.
	Du Kannst mit der U-Bahn zum Flughafen.
Nǐ kěyǐ dǎdi qù jīchǎng. 你可以打的去机场。	You can go to the airport by taxi.
	Du Kannst mit dem Taxi zum Flughafen.
Zhèlǐ yǒu jīchǎng dàbā. 这里有机场大巴。	There is an airport bus here.
	Hier gibt es Flughafen bus.

46 请代我向你父母问好。

Qǐng dài wǒ xiàng nǐ fùmǔ wènhǎo.

对话 [Dialogue]

A：请代我向你父母问好。

(Qǐng dài wǒ xiàng nǐ fùmǔ wènhǎo.)

Please send my regards to your parents.

Bitte richten Sie Ihren Eltern liebe Grüße aus.

B：谢谢！(Xièxie!)

Thank you!

Danke!

补充 [Supplementary]

yéye 爷爷	grand father der Großvater	nǎinai 奶奶	grardmother die Großmutter

gēge 哥哥	elder brother	jiějie 姐姐	elder sister
	älterer Bruder		ältere Schwester
dìdi 弟弟	younger brother	mèimei 妹妹	younger sister
	jüngerer Bruder		jüngere Schwester

47 希望我们能再次见面。

Xīwàng wǒmen néng zàicì jiànmiàn.

对话 [Dialogue]

A：希望我们能再次见面。

(Xīwàng wǒmen néng zàicì jiànmiàn.)

Hope to meet you again.

Ich hoffe, dass wir uns wiedersehen können.

B：再见！（Zàijiàn！）

Bye!

Auf Wiedersehen!

补充 [Supplementary]

Bǎochí liánxì. 保持联系。	Keep in touch.
	in Koutakt bleiben.
Cháng liánxì. 常联系。	Keep in touch.
	in Koutakt bleiben.
Diànhuà liánxì. 电话联系。	Call me.
	Ruf mich an.

48 这是给你的礼物。

Zhè shì gěi nǐ de lǐwù.

对话 [Dialogue]

A：这是给你的礼物。（Zhè shì gěi nǐ de lǐwù.）

Here's a present for you.

Hier ist ein Geschenk für dich.

B：您客气了，谢谢！（Nín kèqi le, xièxie!）

That's very kind of you, thank you!

Das ist sehr nett von Ihnen, vielen Dank!

补充 [Supplementary]

Nín yǒuxīn le. 您有心了。	That's very kind of you.
	Das ist lieb von Ihnen.
Nín pòfèi le. 您破费了。	It must cost you a fortune.
	Danke für Ihre Großzügigkeit.

49 祝你们旅途愉快！

Zhù nǐmen lǚtú yúkuài！

对话 [Dialogue]

A：祝你们旅途愉快！（Zhù nǐmen lǚtú yúkuài！）

Have a nice trip！

（Ich wünsche euch eine）schöne Fahrt！

B：谢谢，再见！（Xièxie，zàijiàn！）

Thanks，Goodbye！

Danke，tschüss！

补充 [Supplementary]

Zhù dàjiā yílù píng'ān！ 祝大家一路平安！	Have a safe journey！
	Habt eine sichere Reise！

Zàihuì！ 再会！	See you！
	Auf Wiedersehen！

50 明天晚上我请您吃饭。

Míngtiān wǎnshang wǒ qǐng nín chīfàn.

对话 [Dialogue]

A：明天晚上我请您吃饭。

（Míngtiān wǎnshang wǒ qǐng nín chīfàn.）

Can I invite you to dinner tomorrow evening?

Ich möchte Sie gern morgen zum Abendessen einladen.

B：好的，谢谢！（Hǎode，xièxie！）

OK, thank you!

Ja gerne, danke!

补充 [Supplementary]

Búyòng kèqi le. 不用客气了。	Don’t mention it.
	Nichts zu danken.
Wǒmen háishì AA ba. 我们还是 AA 吧。	Let’s go putch. /Let’s go halves.
	Lass uns die Rechnung teilen.

51 我们在哪里见面？

Wǒmen zài nǎlǐ jiànmiàn？

对话 [Dialogue]

A：我们在哪里见面？
(Wǒmen zài nǎlǐ jiànmiàn？)
Where shall we meet？
Wo wollen wir uns treffen？

扫一扫，学汉语

B：学校门口那儿，怎么样？

(Xuéxiào ménkǒu nàr, zěnmeyàng?)

How about the gate of the school?

Wollen wir uns am Eingang der Schule treffen?

补充 [Supplementary]

Zài Shàngdǎo kāfēi tīng jiàn, hǎo ma? 在上岛咖啡厅见，好吗？	Let't meet you at the Shangdao Cafe, Shall we?
	Können wir uns im Shangdao Café treffen?
Zhíjiē zài cāntīng jiàn, xíng ma? 直接在餐厅见，行吗？	Shall we meet in the canteen?
	Wollen wir uns direkt im Restaurant treffen?

52 你想吃中餐还是西餐？

Nǐ xiǎng chī zhōngcān háishì xīcān?

对话 [Dialogue]

A：你想吃中餐还是西餐？

(Nǐ xiǎng chī zhōngcān háishì xīcān?)

Would you like Chinese food or Western food?

Möchtest du lieber chinesisches Essen oder westliches Essen?

B：中餐。(Zhōngcān.)

Chinese food.

Chinesisches Essen.

补充 [Supplementary]

Dōu kěyǐ. 都可以。	Either is Okay with me. Alles schmeckt mir.
Wǒ xiǎng chī Rìběn liàolǐ. 我想吃日本料理。	I'd like Japanese cuisine. Ich möchte Japanisch essen.

你喝茶还是咖啡？

Nǐ hē chá háishì kāfēi？

对话 [Dialogue]

A：你喝茶还是咖啡？（Nǐ hē chá háishì kāfēi？）

Would you like tea or coffee？

Trinkst du gern Tee oder Kaffee？

B：我想喝茶，谢谢。（Wǒ xiǎng hē chá，xièxie.）

I’d like some tea, please. Thank you.

Ich möchte gern Tee trinken, danke.

补充 [Supplementary]

Dōu búyòng le，xièxie！ 都不用了，谢谢！	No, thank you！
	Nein, danke！

Qǐng gěi wǒ yìbēi sūdǎshuǐ, xièxie! 请给我一杯苏打水，谢谢！	Soda, please. Thank you!
	Ein Glas Mineralwasser, danke.

54 欢迎光临，您几位？

Huānyíng guānglín, nín jǐ wèi?

对话 [Dialogue]

A：欢迎光临，您几位？（Huānyíng guānglín, nín jǐ wèi?）

Welcome. How many people?

Herzlich willkommen, wie viele Gäste sind Sie?

B：四位，谢谢！（Sì wèi, xièxie!）

Four, thank you!

Wir sind zu viert, danke.

补充 [Supplementary]

Liù dào qī wèi ba. 六到七位吧。	Six or seven people. Sechs bis sieben Personen.
Shí wèi, wǒ xiǎng yào gè bāoxiāng. 十位，我想要个包厢。	Ten. I'd like to have a private room. Zehn Gäste. Ich möchte gern ein privates Zimmer haben.

55 您想吃点儿什么？

Nín xiǎng chī diǎnr shénme?

对话 [Dialogue]

A：您想吃点儿什么？（Nín xiǎng chī diǎnr shénme?）

What would you like to have?

Was möchten Sie gern essen?

B：你们店有什么特色菜？

(Nǐmen diàn yǒu shénme tèsè cài？)

What's the daily special？

Was ist Ihre Spezialität？

补充 [Supplementary]

<table>
<tr><td rowspan="2">sù cài
素菜</td><td>vegetarian dishes</td><td rowspan="2">hūn cài
荤菜</td><td>meat dishes</td></tr>
<tr><td>vegetarische Gerichte</td><td>Fleischgerichte</td></tr>
</table>

56 这是菜单，请点菜。

Zhè shì càidān, qǐng diǎncài.

对话 [Dialogue]

A：这是菜单，请点菜。(Zhè shì càidān, qǐng diǎncài.)

Here is the menu. Please order.

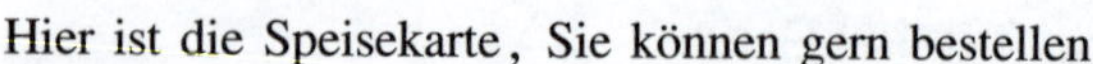

Hier ist die Speisekarte, Sie können gern bestellen.

B：谢谢！（Xièxie！）

Thanks!

Danke!

补充 [Supplementary]

zhǔshí 主食	staple food	jiǎozi 饺子	dumpling/jiaozi
	das Grundnahrungsmittel		die Maultasche
miàntiáo 面条	noodle	mǐfàn 米饭	rice
	die Nudel		der Reis

57 我不吃辣。

Wǒ bù chī là.

对话 [Dialogue]

A：您忌口吗？（Nín jìkǒu ma？）

Do you have any food taboo?

Gibt es Essen, das Sie vermeiden?

B：我不吃辣。(Wǒ bù chī là.)

I don't like spicy food.

Ich mag kein scharfes Essen.

补充 [Supplementary]

suān 酸	sour	tián 甜	sweet
	sauer		süß
kǔ 苦	bitter	là 辣	spicy
	bitter		scharf
xián 咸	salty		
	salzig		

58 来一瓶啤酒。

Lái yì píng píjiǔ.

对话 [Dialogue]

A：来一瓶啤酒。（Lái yì píng píjiǔ.）

May I have a bottle of beer?

Ich hätte gern eine Flasche Bier.

B：要冰的吗？（Yào bīng de ma?）

Do you want a cold beer?

Möchten Sie gekühltes Bier?

补充 [Supplementary]

chángwēn de píjiǔ 常温的啤酒	beer at normal temperature
	Bier mit normaler Temperatur

jiābīng de píjiǔ 加冰的啤酒	beer on the rock
	gekühltes Bier

59 室内禁止吸烟。

Shì nèi jìnzhǐ xīyān.

对话 [Dialogue]

A：室内禁止吸烟。（Shì nèi jìnzhǐ xīyān.）

No smoking indoors.

Innen ist Rauchen verboten.

B：对不起！（duì bu qǐ!）

I' m sorry!

Entschuldigung!

补充 [Supplementary]

Bù hǎo yìsi. 不好意思。	I'm sorry.
	Entschuldigen Sie.
dǎhuǒjī 打火机	lighter
	das Feuerzeug -e

60 牛排要几成熟?

Niúpái yào jǐ chéng shú?

对话 [Dialogue]

A：牛排要几成熟?（Niúpái yào jǐ chéng shú?）

How would you like your steak?

Wie hätten Sie Ihr Steak gerne?

B：七成熟。（Qī chéng shú.）

Medium well.

Medium.

补充 [Supplementary]

<table>
<tr><td rowspan="2">bā chéng shú niúpái
八成熟牛排</td><td>a medium-well steak</td></tr>
<tr><td>fast-durchgebratenes Steak</td></tr>
<tr><td rowspan="2">quán shú niúpái
全熟牛排</td><td>a well-done steak</td></tr>
<tr><td>durchgebratenes Steak</td></tr>
</table>

61 服务员，买单。

Fúwùyuán, mǎidān.

对话 [Dialogue]

A：服务员，买单。（Fúwùyuán, mǎidān.）

Check, please!

Die Rechnung, bitte.

B：微信还是支付宝？（Wēixìn háishì Zhīfùbǎo？）

WeChat or Alipay?

Zahlen Sie mit WeChat oder Alipay?

补充 [Supplementary]

sǎomǎ 扫码	Scan a QR code
	QR Code scannen
xìnyòngkǎ 信用卡	credit card
	die Kreditkarte -n

62 这是发票，请拿好。

Zhè shì fāpiào, qǐng ná hǎo.

对话 [Dialogue]

A：这是发票，请拿好！

（Zhè shì fāpiào，qǐng ná hǎo！）

This is your invoice. Here you are.

Hier ist der Beleg，bitte.

B：谢谢！（Xièxie！）

Thanks！

Danke！

补充 [Supplementary]

kǒu xiāng táng 口香糖	chewing-gum
	der Kaugummi -s
huìyuán kǎ 会员卡	membership card
	die Mitgliedskarte -n

63 今天的菜都很好吃。

Jīntiān de cài dōu hěn hǎochī.

对话 [Dialogue]

A：今天的菜都很好吃。（Jīntiān de cài dōu hěn hǎochī.）

The food was very good today.

Das Essen heute ist sehr lecker.

B：好吃就多吃点儿。（Hǎochī jiù duō chī diǎnr.）

Eat as much as you like.

Wenn es Ihnen gut schmeckt, dann essen Sie mehr.

补充 [Supplementary]

Zhè gè cài bù hǎochī. 这个菜不好吃。	It's yucky.
	Das Gericht ist nicht gut.

Wǒ bú ài chī. 我不爱吃。	I dislike it.
	Das Essen schmeckt mir nicht.

64 感谢您的款待。

Gǎnxiè nín de kuǎndài.

对话 [Dialogue]

A：感谢您的款待。（Gǎnxiè nín de kuǎndài.）

I really appreciate your hospitality.

Vielen Dank für Ihre Gastfreundschaft.

B：不客气。（bú kèqi.）

You are welcome.

Nichts zu danken.

补充 [Supplementary]

Ràng nín pòfèi le. 让您破费了。	Thank you for spending money on me.
	Danke für Ihre Großzügigkeit.
xiǎofèi 小费	tip
	das Trinkgeld -er

65 我想在淘宝上买东西。

Wǒ xiǎng zài Táobǎo shàng mǎi dōngxi.

对话 [Dialogue]

A：我想在淘宝上买东西。你可以教我吗？

(Wǒ xiǎng zài Táobǎo shàng mǎi dōngxi. Nǐ kěyǐ jiāo wǒ ma?)

I want to buy things on Taobao. Could you help me?

Ich möchte gern etwas auf Taobao kaufen. Können Sie mir bitte zeigen, wie es geht?

B：好的。(hǎode.)

OK.

Ja, kein Problem.

补充 [Supplementary]

<table>
<tr><td rowspan="2">Jīngdōng
京东</td><td>Jingdong</td><td rowspan="2">Pīnduōduō
拼多多</td><td>Pinduoduo</td></tr>
<tr><td>Jingdong ND</td><td>Pinduoduo</td></tr>
<tr><td rowspan="2">Sūníng
苏宁</td><td>Suning</td><td rowspan="2">Dāngdāng
当当</td><td>Dangdang</td></tr>
<tr><td>Suning</td><td>Dangdang</td></tr>
</table>

66 你需要下载支付宝。

Nǐ xūyào xiàzǎi Zhīfùbǎo.

对话 [Dialogue]

A：我想骑哈罗单车。(wǒ xiǎng qí hāluó dānchē.)

I want to ride the Hellobike.

Ich möchte ein Haluo Fahrrad fahren.

B：你需要下载支付宝。(Nǐ xūyào xiàzǎi Zhīfùbǎo.)

You need to download Alipay.

Sie müssen Alipay runterladen.

67 我想去银行取钱。

Wǒ xiǎng qù yínháng qǔqián.

对话 [Dialogue]

A：我想去银行取钱。(Wǒ xiǎng qù yínháng qǔqián.)

I want to go to the bank and withdraw some money.

Ich möchte zur Bank gehen und etwas Geld abheben.

B：往前走两百米就到了。

（Wǎngqián zǒu liǎngbǎi mǐ jiù dào le.）

It's 200 meters straight ahead.

Es ist zweihundert Meter geradeaus.

补充 [Supplementary]

bàn yínháng kǎ 办银行卡	get a bank card
	eine Bankkarte beantragen
jiāo huàfèi 交话费	pay the phone bill
	die Handygebühr aufladen

68 请填一下这张表。

Qǐng tián yíxià zhè zhāng biǎo.

对话 [Dialogue]

A：我想报名。（Wǒ xiǎng bàomíng.）

I want to sign up.

Ich möchte mich anmelden.

B：请填一下这张表。（Qǐng tián yíxià zhè zhāng biǎo.）

Please fill out this form.

Bitte füllen Sie das Formular aus.

补充 [Supplementary]

qiānmíng 签名	signature
	unterschreiben
liúxià diànhuà hàomǎ 留下电话号码	leave your phone number
	Ihre Handynummer hinterlassen

69 我换 100 美元的人民币。

Wǒ huàn yībǎi měiyuán de rénmínbì.

对话 [Dialogue]

A：我换 100 美元的人民币。

(Wǒ huàn yībǎi měiyuán de rénmínbì.)

I want to change 100 US dollars into Renminbi.

Ich möchte 100 Dollar in CNY wechseln.

B：好的，请稍等。(Hǎo de, qǐng shāo děng.)

OK, just a minute, please.

OK, einen Moment bitte.

补充 [Supplementary]

yìngbì 硬币	coin die Münze -n	měijīn 美金	dollar der Dollar -s

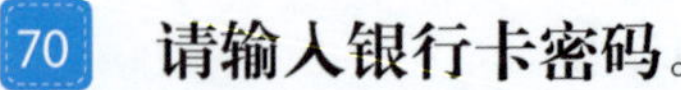

70 请输入银行卡密码。

Qǐng shūrù yínháng kǎ mìmǎ.

对话 [Dialogue]

A：你好，我要取一万块钱。

(Nǐ hǎo, wǒ yào qǔ yíwàn kuài qián.)

Hello, I'd like to withdraw ten thousand RMB Yuan.

Hallo, ich möchte zehntausend CNY abheben.

B：好的，请输入银行卡密码。

(Hǎo de, qǐng shūrù yínháng kǎ mìmǎ.)

OK, please enter the Pin number.

Ja, bitte geben Sie Ihre Pin ein.

补充 [Supplementary]

duǎnxìn yànzhèng mǎ 短信验证码	message authentication code
	Sicherheitscode per SMS

71 我想去北京旅行。

Wǒ xiǎng qù Běijīng lǚxíng.

对话 [Dialogue]

A：你想去哪儿旅行？（Nǐ xiǎng qù nǎr lǚxíng?）

Where do you want to travel?

Wohin möchten Sie reisen?

B：我想去北京旅行。

（Wǒ xiǎng qù Běijīng lǚxíng.）

I want to travel to Beijing.

Ich möchte nach Peking reisen.

扫一扫，学汉语

补充 [Supplementary]

lǚyóu 旅游	travel reisen	dùjià 度假	go on vacation Urlaub machen

72 我买一张去北京的机票。

Wǒ mǎi yì zhāng qù Běijīng de jīpiào.

对话 [Dialogue]

A：我买一张去北京的机票。

(Wǒ mǎi yì zhāng qù Běijīng de jīpiào.)

I want to buy a ticket to Beijing.

Ich möchte ein Flugticket nach Peking kaufen.

B：好的，请出示您的身份证。

(Hǎode, qǐng chūshì nín de shēnfènzhèng.)

OK, please show me your ID card.

Ja, bitte zeigen Sie Ihren Personalausweis.

补充 [Supplementary]

dòngchē piào 动车票	bullet train ticket das Bahnticket -s	qìchē piào 汽车票	bus ticket das Busticket -s

73 请出示您的护照。

Qǐng chūshì nín de hùzhào.

对话 [Dialogue]

A：请出示您的护照。（Qǐng chūshì nín de hùzhào.）

Please show your passport.

Bitte zeigen Sie Ihren Reisepass.

B：这是我的护照。（Zhè shì wǒ de hùzhào.）

Here it is.

Ja, hier ist mein Reisepass.

补充 [Supplementary]

qiānzhèng 签证	visa
	das Visum, Visa

74 我有两件行李要托运。

Wǒ yǒu liǎng jiàn xíngli yào tuōyùn.

对话 [Dialogue]

A：你有几件行李？（Nǐ yǒu jǐ jiàn xíngli?）

How many pieces of luggage do you have?

Wie viele Gepäckstücke haben Sie?

B：我有两件行李要托运，还有一件手提行李。

（Wǒ yǒu liǎng jiàn xíngli yào tuōyùn，hái yǒu yí jiàn shǒutí xíngli.）

I have two pieces of luggage to check in，another piece of luggage is carry-on.

Ich habe zwei Gepäckstücke zum Einchecken und ein Handgepäckstück.

补充 [Supplementary]

jìcún 寄存	deposit
	deponieren

75 请您去 B3 登机口等候。

Qǐng nín qù B sān dēngjī kǒu děnghòu.

对话 [Dialogue]

A：请问，我在哪里候机？

（Qǐngwèn，wǒ zài nǎlǐ hòujī?）

Excuse me, where can I wait for the flight?

Entschuldigen Sie, wo soll ich auf meinen Flug warten?

B：请您去 B3 登机口等候。

（Qǐng nín qù B sān dēngjī kǒu děnghòu.）

Please wait at gate B3.

Bitte warten Sie am Gate B3.

76 请问您去哪里？

Qǐngwèn nín qù nǎlǐ?

对话 [Dialogue]

A：请问您去哪里？（Qǐngwèn nín qù nǎlǐ?）

Excuse me, where are you going?

Entschuldigen Sie, wo wollen Sie hin?

B：去长城。(Qù Chángchéng.)

The Great Wall.

Zur Großen Mauer gehen.

77 请问去天坛公园怎么走?

Qǐngwèn qù Tiāntán gōngyuán zěnme zǒu?

对话 [Dialogue]

A：请问去天坛公园怎么走?

(Qǐngwèn qù Tiāntán gōngyuán zěnme zǒu?)

Excuse me, how can I go to the Temple of Heaven?

Entschuldigen Sie, wie findet man den Weg zum Tiantan Park?

B：你可以坐公交车。(Nǐ kěyǐ zuò gōngjiāochē.)

You can go there by bus.

Sie können den Bus nehmen.

78 坐几路公交车？

Zuò jǐ lù gōngjiāochē?

对话 [Dialogue]

A：坐几路公交车？(Zuò jǐ lù gōngjiāochē?)

Which bus can I take?

Welchen Bus soll ich nehmen?

B：你可以坐 60 路。(Nǐ kěyǐ zuò liùshí lù.)

You can take bus No. 60.

Sie können die Buslinie 60 nehmen.

补充 [Supplementary]

<table>
<tr><td rowspan="2">dìtiě yī hào xiàn
地铁 1 号线</td><td>Metro Line 1</td></tr>
<tr><td>U-Bahn Linie 1</td></tr>
<tr><td rowspan="2">gāotiě
高铁</td><td>high-speed train</td></tr>
<tr><td>S-Bahn/ Zug</td></tr>
<tr><td rowspan="2">zìdòng shòupiào jī
自动售票机</td><td>automatic ticket vending machine</td></tr>
<tr><td>der Fahrkartenautomat -en</td></tr>
<tr><td rowspan="2">tóubì
投币</td><td>insert coins</td></tr>
<tr><td>Münzen einwerfen</td></tr>
<tr><td rowspan="2">gōngjiāokǎ
公交卡</td><td>transportation card</td></tr>
<tr><td>die Buskarte -n</td></tr>
</table>

79 北京有什么特产？

Běijīng yǒu shénme tèchǎn?

对话 [Dialogue]

A：欢迎光临！请问要买点儿什么？

(Huānyíng guānglín! Qǐngwèn yào mǎi diǎnr shénme?)

Welcome! What can I do for you?

Herzlich willkommen, was kann ich für Sie tun?

B：北京有什么特产？(Běijīng yǒu shénme tèchǎn?)

What's the specialty of Beijing?

Was sind die Spezialitäten von Beijing?

80 请问保质期多长时间？

Qǐngwèn bǎozhìqī duōcháng shíjiān?

对话 [Dialogue]

A：请问保质期多长时间？

(Qǐngwèn bǎozhìqī duōcháng shíjiān?)

How long is the shelf life?

Wie lange ist es haltbar?

B：三年。(Sān nián.)

Three years.

Drei Jahre.

补充 [Supplementary]

guòqī 过期	overdue
	ablaufen

81 金山寺到了，一共四十元。请问怎么支付？

Jīnshānsì dào le, yígòng sìshí yuán. Qǐngwèn zěnme zhīfù?

对话 [Dialogue]

A：金山寺到了，一共四十元。请问怎么支付？
(Jīnshānsì dào le, yígòng sìshí yuán. Qǐngwèn zěnme zhīfù?)
We have arrived at the Jinshansi. The fee is 40 yuan. How do you pay?
Sie sind jetzt an der Jinshan Tempel angekommen. Die Fahrt kostet insgesamt 40 CNY, wie möchten Sie zahlen?

B：现金。给你。(Xiànjīn. Gěi nǐ.)
Cash. Here you are.
Mit Bargeld, hier bitte.

扫一扫，学汉语

82 这里离焦山公园有多远?

Zhèlǐ lí jiāoshān gōngyuán yǒu duō yuǎn?

对话 [Dialogue]

A:这里离焦山公园有多远?

(Zhèlǐ lí jiāoshān gōngyuán yǒu duō yuǎn?)

How far is it from here to Jiaoshan Park?

Wie weit ist es von hier zum Jiaoshan Park?

B:不太远,大概走十分钟就到了。

(Bú tài yuǎn,dàgài zǒu shí fēnzhōng jiù dào le.)

Not far,it's only about a ten-minute walk.

Nicht weit weg, ca. zehn Minuten zu Fuß.

补充 [Supplementary]

jìn 近	near	yuǎn 远	far
	nah		fern

83 苏州有哪些好玩的地方?

Sūzhōu yǒu nǎxiē hǎowán de dìfang?

对话 [Dialogue]

A：欢迎来苏州！（Huānyíng lái Sūzhōu!）

Welcome to Suzhou!

Willkommen in Suzhou!

B：谢谢！苏州有哪些好玩的地方?

（Xièxiè! Sūzhōu yǒu nǎxiē hǎowán de dìfang?）

Thank you! What are the places of interest in Suzhou?

Danke! Welche Sehenswürdigkeiten kann man in Suzhou besuchen?

84 这件衣服很漂亮。

Zhè jiàn yīfu hěn piàoliang.

对话 [Dialogue]

A：这件衣服很漂亮。（Zhè jiàn yīfu hěn piàoliang.）

This clothes is very beautiful.

Die Kleidung ist sehr schön.

B：谢谢！（Xièxie！）

Thank you！

Danke！

补充 [Supplementary]

kùzi 裤子	trou	qúnzi 裙子	dress
	ose -n		das Kleid -er

chènshān 衬衫	shirt das Hemdm,-en		

85 您穿多大号?

Nín chuān duō dà hào?

对话 [Dialogue]

A：您穿多大号? (Nín chuān duō dà hào?)

What size do you wear?

Welche Größe haben Sie?

B：中号。(Zhōnghào.)

Medium.

Die Größe M.

补充 [Supplementary]

dàhào /jiā dàhào 大号/加大号	large/extra large
	die Grßöe L/XL
xiǎohào 小号	small
	die Grßöe S

86 你喜欢什么颜色？

Nǐ xǐhuan shénme yánsè?

对话 [Dialogue]

A：你喜欢什么颜色？ xǐhuan shénme yánsè?)

What color do like?

Welche Fa agst du?

B：我喜欢绿色。（Wǒ xǐhuan lǜsè.）

I like green.

Ich mag grün.

补充 [Supplementary]

lǜsè 绿色	green	huángsè 黄色	yellow
	grün		gelb
chéngsè 橙色	orange	huīsè 灰色	gray
	orange		grau
lánsè 蓝色	blue	zǐsè 紫色	purple
	blau		lila
hēisè 黑色	black	báisè 白色	white
	schwarz		weiß

87 中国人为什么喜欢红色?

Zhōngguó rén wèishénme xǐhuan hóngsè?

对话 [Dialogue]

A：中国人为什么喜欢红色?

(Zhōngguó rén wèishénme xǐhuan hóngsè?)

Why do Chinese people like red?

Warum mögen die Chinesen rot?

B：红色代表喜庆。(Hóngsè dàibiǎo xǐqìng.)

Red represents festivity.

Rot steht für festlich.

补充 [Supplementary]

hépíng	peace	rèqíng	enthusiasm
和平	der Frieden	热情	die Begeisterung

xìngfú 幸福	happiness		
	das Glück		

88 这双鞋子我可以试试吗？

Zhè shuāng xiézi wǒ kěyǐ shìshi ma?

对话 [Dialogue]

A：这双鞋子我可以试试吗？

(Zhè shuāng xiézi wǒ kěyǐ shìshi ma.)

May I try this pair of shoes?

Kann ich die Schuhe anprobieren?

B：当然可以，您穿多大号？

(Dāngrán kěyǐ, nín chuān duō dà hào?)

Sure, what size do you wear?

Natürlich. Welche Größe haben Sie?

补充 [Supplementary]

jiàn 件	measurement unit, used for clothes
	Zählwort für Kleidung (Jacke, Pullover, T-Shirts usw)
tiáo 条	measurement unit, used for trousers, dress
	Zählwort für Kleid, Rock und Hosen usw
tào 套	measurement unit, a suit of
	Zählwort für Anzug

89 大小合适吗?

Dà xiǎo héshì ma?

对话 [Dialogue]

A: 大小合适吗?(Dà xiǎo héshì ma?)

How does it fit? / How do they fit?

Passt das Ihnen?

B：对不起，这双是 36 码的，我穿 37 码的。

（Duì bu qǐ, zhè shuāng shì sānshíliù mǎ de, wǒ chuān sānshíqī mǎ de.）

Sorry, this pair is size 36, I wear size 37.

Nein, die Größe ist 36, aber ich habe die 37.

补充 [Supplementary]

zuǒ 左	left links	yòu 右	right rechts
jiǎo 脚	foot der Fuß -. . e		

90 多少钱？

Duōshǎo qián?

对话 [Dialogue]

A：多少钱？（Duōshǎo qián？）

How much?

Wie viel kostet das?

B：二十元。（Èrshí yuán.）

20 yuan.

20 CNY.

补充 [Supplementary]

bǎi 百	hundred	kuài 块	yuan
	hundert		Yuan/ Euro
qiān 千	thousand	jiǎo 角	cent
	tausend		zehn Cent
wàn 万	ten thousand	fēn 分	fen
	zehntausend		Cent

91 能退换吗?

Néng tuì huàn ma?

对话 [Dialogue]

扫一扫,学汉语

A: 能退换吗?(Néng tuì huàn ma?)

Can I return it?

Kann ich es umtauschen oder zurückgeben?

B: 七天之内都可以。(Qītiān zhī nèi dōu kěyǐ.)

It can be returned within seven days.

Man kann innerhalb von sieben Tagen die Waren umtauschen oder zurückgeben.

补充 [Supplementary]

tèjià shāngpǐn 特价商品	promotion goods
	das Sonderangebot, -e

能打折吗？

Néng dǎzhé ma？

对话 [Dialogue]

A：能打折吗？（Néng dǎzhé ma？）

Any discount？

Bekommt man Rabatt？

B：给您九折。（Gěi nín jiǔ zhé.）

10% discount.

10% Rabatt.

补充 [Supplementary]

Néng piányì diǎnr ma？ 能便宜点儿吗？	Can you make it cheaper？
	Können Sie das billiger machen？

93 我要挂内科。

Wǒ yào guà nèikē.

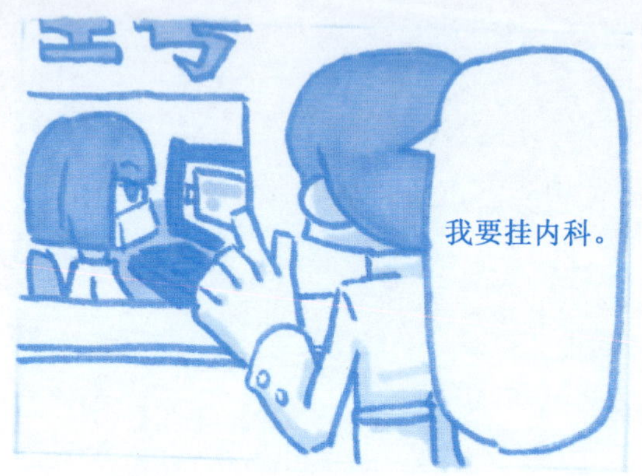

对话 [Dialogue]

A：你要挂哪个科的号？（Nǐ yào guà nǎ gè kē de hào？）

Which department do you want to register with？

Welche Abteilung möchten Sie besuchen？

B：我要挂内科。（Wǒ yào guà nèikē.）

I'd like to register for internal medicine.

Ich möchte gern zur Abteilung für innere Medizin.

补充 [Supplementary]

guàhào chù 挂号处	registry office
	der Empfang -. . e

wàikē 外科	surgical department
	chirurgische Abteilung
jízhěn 急诊	emergency
	der Notarzt
yàofáng 药房	pharmacy
	die Apotheke -n

94 你哪里不舒服?

Nǐ nǎlǐ bù shūfu?

对话 [Dialogue]

A：你哪里不舒服？（Nǐ nǎlǐ bù shūfu?）

What's wrong with you?

Was fehlt Ihnen?

B：我有点儿头疼。（Wǒ yǒu diǎnr tóu téng.）

I have a headache.

Ich habe ein bisschen Kopfschmerzen.

补充 [Supplementary]

yá téng 牙疼	toothache Zahnschmerzen	dùzi téng 肚子疼	stomachache Bauchschmerzen

95 我对花生过敏。

Wǒ duì huāshēng guòmǐn.

对话 [Dialogue]

A：我对花生过敏。（Wǒ duì huāshēng guòmǐn.）

I'm allergic to peanuts.

Ich bin allergisch gegen Erdnüsse.

B：我给你开点治过敏的药吧。

（Wǒ gěi nǐ kāi diǎn zhì guòmǐn de yào ba.）

Let me give you something for your allergies.

Ich verschreibe Ihnen ein Medikament gegen Ihre Allergie.

补充 [Supplementary]

qiǎokèlì 巧克力	chocolate die Schokolade -n	dòu lèi 豆类	legumes Hülsenfrüchte

96 你需要做个血常规检查。

Nǐ xūyào zuòge xuěchángguī jiǎnchá.

对话 [Dialogue]

A：我该怎么办呢？（Wǒ gāi zěnme bàn ne?）

What should I do?

Was soll ich machen?

B：你需要做个血常规检查。

(Nǐ xūyào zuòge xuěchánguī jiǎnchá.)

You need to have a CBC test。

Sie müssen ein Blutbild machen lassen.

补充 [Supplementary]

píshì 皮试	skin test
	der Hauttest -s
xīndiàntú 心电图	electrocardiogram
	das Elektrokardiogramm -e

97 多喝水，多休息，按时吃药。

Duō hēshuǐ, duō xiūxi, ànshí chīyào.

对话 [Dialogue]

A：还要注意什么吗？（Hái yào zhùyì shénme ma?）

What else is there to notice?

Worauf soll ich noch achten?

B：多喝水，多休息，按时吃药。

（Duō hēshuǐ, duō xiūxi, ànshí chīyào.）

Drink plenty of water, and get some rest. Please take your medicine on time.

Trinken Sie genug Wasser und ruhen Sie sich gut aus. Nehmen Sie pünktlich die Medikamente.

补充 [Supplementary]

Búyào chī xīnlà de shíwù. 不要吃辛辣的食物。	Don't eat spicy food. Essen Sie bitte kein scharfes Essen.
Búyào yòng lěngshuǐ xǐzǎo. 不要用冷水洗澡。	Don't bathe in cold water. Duschen Sie bitte nicht kalt.

98 我要买治拉肚子的药。

Wǒ yào mǎi zhì lā dùzi de yào.

对话 [Dialogue]

A：你要买什么药？（Nǐ yào mǎi shénme yào?）

What medicine do you need?

Welche Medikamente brauchen Sie?

B：我要买治拉肚子的药。

（Wǒ yào mǎi zhì lā dùzi de yào.）

I need something for my diarrhea.

Ich brauche etwas gegen Durchfall.

补充 [Supplementary]

fāshāo 发烧	fever	késòu 咳嗽	cough
	das Fieber -		der Husten -

99 我生病了，想请假。

Wǒ shēngbìng le，xiǎng qǐngjià.

对话 [Dialogue]

A：你看起来脸色不太好。（Nǐ kànqǐlai liǎnsè bú tài hǎo.）

You don't look so good.

Sie sehen schlecht aus.

B：我生病了，想请假。（Wǒ shēngbìng le，xiǎng qǐngjià.）

I'm sick and have to have a leave of absence.

Ich bin krank und möchte ein poar Tage frei haben.

补充 [Supplementary]

qù yīyuàn 去医院	go to the hospital
	ins Krankenhaus gehen

qù zhěnsuǒ 去诊所	go to the clinic
	in die Klinik gehen

100 我累了，想休息一下。

Wǒ lèi le, xiǎng xiūxi yíxià.

对话 [Dialogue]

A：我累了，想休息一下。（Wǒ lèi le, xiǎng xiūxi yíxià.）

I'm tired and want to have a rest.

Ich bin müde und möchte mich ausruhen.

B：好的，注意身体。（Hǎo de, zhùyì shēntǐ.）

OK, take care of yourself.

OK, passen Sie auf sich auf.

补充 [Supplementary]

kàn diànyǐng 看电影	see a movie
	einen Film anschauen
hē kāfēi 喝咖啡	have some coffee
	Kaffee trinken